Michael Heinen-Anders

Zur Wiederkunft Christi – 1933 aus anthroposophischer Sicht

Michael Heinen-Anders

Zur Wiederkunft Christi – 1933 aus anthroposophischer Sicht

3. erweiterte Auflage

Herstellung und Verlag: BoD - Books on Demand,
Norderstedt

ISBN 9783738611212

Inhaltsverzeichnis

9

Zur Wiederkunft Christi – 1933 aus anthroposophischer Sicht

1933 trat Hitler auf den Plan, ein ehemaliger Gefreiter, aus dem 1. Weltkrieg, dem man seinerzeit noch mangelnde Führungseigenschaften attestiert hatte. Die anschließende Wandlung von Hitler ist nur durch dämonische Besetzung zu erklären. Hitler wurde ein Sorat-Medium. Hitler ist in der Tat als ein von Sorat-Asuras besessener Mensch anzusehen, als das Auftauchen des „Tiers aus dem Abgrund" welches Steiner im Priester-Apokalypsekurs (GA 346, Vortrag vom 20.9.1924) für **1933** angekündigt hatte.

"Ehe denn der ätherische Christus von den Menschen in der richtigen Weise erfasst werden kann, muss die Menschheit erst fertig werden mit der Begegnung des Tieres, das 1933 aufsteigt." (Lit.: GA 346, S 239f.)

Johannes Tautz (Der Eingriff des Widersachers, 1977, S. 14) spricht von dem „Reichstagsbrand" als der „Ouvertüre zu den zwölf Jahren. Sie enthält in zeichenhafter Einzelerscheinung das Motiv der Feuersbrunst, das im letzten Akt des Dramas den ganzen Horizont des Schauplatzes beherrschen wird. (...) Ein Ventil ist gezogen, und eine ganze Welt lauernder Untergangsgeister bricht herein, bemächtigt sich der getrübten Bewußtseine und wirkt vernichtend in unkontrollierten Triebhandlungen und halb-schizophrenen Zwangstaten."

Das getrübte Bewußtsein bei gleichzeitiger Heilseuphorie ist bezeichnend für den Einbruch der Widersachermächte. Deutschland, das Volk mit einem schwachen Immunsystem gegen solche Verführungen, war wie geschaffen für den Einbruch des „Tiers aus dem Abgrund", welches Hitler dämonisch besetzt hielt und ihm nach seiner Machtergreifung ermöglichte Deutschland, das Land der Dichter und Denker, kulturell, politisch und kriminell in den Abgrund zu führen, der im Holocaust gipfelte und dem erst die Alliierten ein Ende machen konnten. Denn eigene Versuche aus dem deutschen Volke Hitler unschädlich zu machen, scheiterten auf rätselhafte Weise.

Gerade in der Zeit von 1930 bis 1940 sollte sich nach Rudolf Steiner verstärkt die Möglichkeit ergeben, den ätherischen Christus zu schauen.

"Die ersten Anzeichen von diesen neuen Seelenfähigkeiten, die werden sich in vereinzelten Seelen schon verhältnismäßig bald bemerkbar machen. Und sie werden sich deutlicher zeigen in der Mitte der dreißiger Jahre unseres Jahrhundert, ungefähr in der Zeit zwischen 1930 und 1940. Die Jahre **1933**, 1935 und 1937 werden besonders wichtig sein. Da werden sich am Menschen ganz besondere Fähigkeiten als natürliche Anlagen zeigen" (Lit.: GA 118, S 25)

Aus anthroposophischer Sicht ist damit ein übersinnliches Schauen des Christus gemeint, entsprechend dem Bibelwort: "Dann wird der Menschensohn den schauenden Seelen erscheinen in den Wolken des Ätherreiches, umkraftet von den bewegenden Weltenmächten, umleuchtet von den Geistern der Offenbarung" (Lukas 21,27 in der Übersetzung von Emil Bock).

"Entweder der Materialismus unseres Zeitalters geht weiter: Dann wird man, wenn solche Kräfte sich zeigen, nicht verstehen, daß sie hinaufführen in die geistigen Welten; man wird sie mißverstehen, und dadurch werden sie unterdrückt werden. Wenn das geschähe, würde das nicht dazu berechtigen, daß die Menschen aus dem materialistischen Sinne heraus am Ende des Jahres 1940 etwa sagten: Nun seht, was das für phantastische Propheten waren am Anfange des 20. Jahrhunderts! Nichts hat sich erfüllt! - Denn wenn die neuen Fähigkeiten nicht da sein werden wird das keine Widerlegung dessen sein, was jetzt gesagt werden kann und muß, sondern es wird nur ein Beweis dafür sein, daß die unverständige Menschheit diese Fähigkeiten im Keime erstickt und sich dadurch etwas genommen haben wird, was die Menschheit wird haben müssen wenn sie in ihrer Entwickelung nicht verdorren und veröden will. Das ist die große Verantwortung der Anthroposophie. Die Anthroposophie ist entsprungen aus der Erkenntnis der Notwendigkeit, daß vorgearbeitet werden muß für etwas, was kommen wird, und das auch übersehen und unterdrückt werden könnte. Vorzuarbeiten hat die Anthroposophie für das Verständnis geistig sich entwickelnder Kräfte der Menschheit. Werden diese Kräfte unterdrückt werden, dann wird die Menschheit weiter in den Sumpf des Materialismus hineingehen." (Lit.: GA 116, S 93f.)

Der anti-christliche Impuls des Sonnendämons Sorat, sollte aber Hitler inspirieren, dieses Schauen durch die bekannten historischen Ereignisse (**1933**, 1935, 1937) unmöglich machen. Da haben wir den Impuls des Antichristen, der das Schauen des ätherischen Christus verhindern will.-

Ganz scheinen diese Neuen Fähigkeiten nicht an der Menschheit vorbei gegangen zu sein, wie einige Bücher berichten. In dem bemerkenswertesten dieser Bücher handelt es sich um eine Dokumentation aus einer Region (Schweden), die nicht besetzt wurde von der deutschen Wehrmacht und daher im zweiten Weltkrieg auch unberührt blieb vom Einfluß des Nationalsozialismus (Vgl. "Sie erlebten Christus". Berichte aus einer Untersuchung des Religionssoziologischen Instituts Stockholm durch G. Hillerdal und B. Gustafsson, Vlg. Die Pforte, 3. Auflage, Basel 1980).

Eine andere anthroposophische Anschauung, insbesondere repräsentiert durch den Autor Christoph Lindenberg, ist der Auffassung Nationalsozialismus und Okkultismus hätten nichts miteinander zu tun, der Nationalsozialismus sei vielmehr allein aus der wirtschaftlichen und politischen Misere ("politisches Vakuum") jener Zeit erklärbar.

Als nichtanthroposophische Quelle zu dem Geschehen gilt Albrecht Haushofer (Moabiter Sonette, S. 46). Er war der Sohn von Karl Haushofer, welcher Hitler bei der Ausarbeitung von "Mein Kampf" unterstützte. Albrecht Haushofer schrieb dazu folgendes Gedicht:

DER VATER

Ein tiefes Märchen aus dem Morgenland
erzählt uns, daß die Geister böser Macht
gefangen sitzen in des Meeres Nacht,
versiegelt von besorgter Gotteshand,

bis einmal im Jahrtausend wohl das Glück
dem einen Fischer die Entscheidung gönne,
der die Gefesselten entsiegeln könne,
wirft er den Fund nicht gleich ins Meer zurück.

Für meinen Vater war das Los gesprochen.
Es lag einmal in seines Willens Kraft,
den Dämon heimzustoßen in die Haft.

Mein Vater hat das Siegel aufgebrochen.
Den Hauch des Bösen hat er nicht gesehn.
Den Dämon ließ er in die Welt entwehn.

Literatur:

- Rudolf Steiner: Apokalypse und Priesterwirken (GA 346);
- Rudolf Steiner: Das Ereignis der Christus-Erscheinung in der ätherischen Welt (GA 118);
- Rudolf Steiner: Der Christus-Impuls und die Entwicklung des Ich-Bewußtseins (GA 116);
- Johannes Tautz: Der Eingriff des Widersachers, Vlg. Die Kommenden, Freiburg i.Br. 1977 (Neuauflage: Perseus Vlg., Basel 2002);
- Pietro Archiati: Die Weltreligionen, Vlg. am Goetheanum, Dornach 1997, S. 161 - 164;
- Dieter Schäfer: Der Christus-Diener und das Sorat-Medium. In: NOVALIS 12/1 1999/2000, S. 70 - 75;
- Hans Peter van Manen: Wiederkunft und Heimsuchung. Von der Wiederkunft Christi und dem Kommen des Antichrist, Vlg. am Goetheanum, Dornach 2011;
- Karl Heyer: Wesen und Wollen des Nationalsozialismus, Perseus Vlg., Basel 1991;
- Michael Kalisch: Das Böse. Polarität und Steigerung, Vlg. Freies Geistesleben, Stuttgart 1998;
- "Rudolf Steiner über den Nationalismus. Geisteswissenschaftliche Hinweise", zusammengestellt und kommentiert von Karl Heyer, 1993;
- Albrecht Haushofer: Moabiter Sonette, dtv, München 1976, S. 46;

- Amnon Reuveni: Im Namen der "Neuen Weltordnung", Vlg. am Goetheanum, Dornach 1994, S. 127 - 131;
- Peter Tradowsky: <<Und das Licht schien in die Finsternis...>>, Vlg. am Goetheanum, Dornach 2008, S. 69 - 82
- Renate Riemeck: Mitteleuropa. Bilanz eines Jahrhunderts, Vlg. Engel & Co, Stuttgart 1997, S. 150 - 153
- Günther Pauli: Die Ordnung der Kräfte. Vom Umgang des Menschen mit dem Bösen, Tredition, Hamburg 2015, S. 86 – 123
- "Sie erlebten Christus". Berichte aus einer Untersuchung des Religionssoziologischen Instituts Stockholm durch G. Hillerdal und B. Gustafsson, Vlg. Die Pforte, 3. Auflage, Basel 1980

Als Gegenmeinung:

- Christoph Lindenberg: Die Technik des Bösen. Zur Geschichte und Vorgeschichte des Nationalsozialismus, Vlg. Freies Geistesleben, Stuttgart 1979.

Als Zusatz:

- Amnon Reuveni (Auszug aus dem Werk "Im Namen der <<Neuen Weltordnung>>")

Hinter der Maske des Patriotismus

"»Engländer ist man, Franzose, Italiener ist man, Deutscher wird man«, pflegte Rudolf Steiner während des Ersten Weltkrieges Fichte zu zitieren. Anders als die Bewohner Süd-, Ost- und Westeuropas, müssen sich die Mitteleuropäer dauernd mit schweren Identitätsfragen beschäftigen. Besonders den Deutschen lassen diese Fragen seit Ende des achtzehnten Jahrhunderts keine Ruhe mehr. Die Ursache dieses Phänomens liegt zum Teil im Wesen des deutschen Volksgeistes und seiner Beziehung zu den Deutschen: Gerade weil besonders in Mitteleuropa die freie Initiativkraft der Individualität entwickelt werden soll und dazu noch die Aufgabe kommt, allmählich die richtige Verbindung zwischen sinnlicher und übersinnlicher Welt zu finden, wird den Deutschen die Beziehung zu ihrem Volksgeist nicht in die Wiege gelegt; sie müssen ihn vielmehr aktiv suchen. Dieser Volksgeist ist zudem -- im Gegensatz zu anderen Volksgeistern -- im irdischen Bereich kaum zu finden. Er weilt in der Regel in der geistigen Welt, und nur selten, wie etwa in der Zeit Goethes, wirkt er unmittelbar in die sinnliche Welt hinein. (1) In anderen Zeiten aber sind die Deutschen -- mehr als andere Völker -- von Impulsen anderer Geister durchdrungen, die nicht immer mit denen des mitteleuropäischen Volksgeistes in Einklang stehen. Daß die geistige Kultur Mitteleuropas wegen der Abwesenheit ihres »Schutzengels« immer wieder mit Gegnern konfrontiert ist, wundert nicht. Der Volksgeist der Deutschen gibt ihnen die Möglichkeit, die zugleich ein Auftrag ist, sich als freie Individualität zu entfalten.

Obwohl seine Anregungen nur zeitweilig auf der Erde zu finden sind, können sie dennoch von jedem kontinuierlich wahrgenommen werden, der sie in der geistigen Welt selbständig sucht. Doch im zwanzigsten Jahrhundert wurden solche Anstrengungen bisher nur von einer kleinen Anzahl Menschen unternommen. Die große Mehrheit der Deutschen erwartete - und erwartet noch immer -- unbewußt von ihrem Volksgeist eine Kollektivimpulsierung. Weil dieser Wunsch naturgemäß unerfüllbar ist, greifen andere Geister in das entstandene Vakuum. Denn in der Seele eines Volkes kann ebenso wie in der Seele des einzelnen Menschen ein Vakuum nicht lange bestehen bleiben. »Die innere Gegnerschaft Mitteleuropas« als Thema zu behandeln, ist keine einfache Aufgabe. Doch wohin führt es, einer solchen Kardinalfrage, am Ende des zwanzigsten Jahrhunderts, weiter aus dem Wege zu gehen? Im folgenden werden wir versuchen, einige Aspekte dieser Frage und ihrer Geschichte in diesem Jahrhundert zu beleuchten. Zunächst muß aber noch etwas über die »äußere Gegnerschaft« gesagt werden.

Opposition als Notwendigkeit

Immer wieder haben sich verschiedene Mächte einer »Kultur der geistigen Selbständigkeit«, die man auch als eine »Kultur des Ichs« bezeichnen darf, in den Weg gestellt. So beschreibt Rudolf Steiner zum Beispiel drei geschichtliche Phasen, in denen sich mitteleuropäische Impulse gerade erst in Opposition zu anderen Kräften entfalten konnten. (2) Bis zur Zeit

Luthers herrschte auch in Mitteleuropa die katholische Kirche mit absoluter Macht. Im Süden betrachtete man es daher als eine gefährliche Herausforderung der romanischen Theokratie, daß die Reformationsbewegung in Mitteleuropa überraschend schnell Fuß faßte. Die Reformatoren Hus, Luther und andere können vor diesem Hintergrund zu den Pionieren der mitteleuropäischen »Selbstverwirklichung« gezählt werden. Die zweite Emanzipation Mitteleuropas, dieses Mal vom französischen Einfluß, kam dann um die Zeit Lessings. Bis ins achtzehnte Jahrhundert hatte die französische Kultur Mitteleuropa dominiert. Deutsche Literaten schrieben auf französisch. Erst Lessing, Herder, Goethe und ihre Zeitgenossen schrieben große deutsche Literatur in deutscher Sprache. Dies geschah in einer Zeit mächtiger Kulturerneuerung in Mitteleuropa. Der deutsche Volksgeist war damals unmittelbar auf der Erde tätig, und die goetheanistische Weltanschauung beeinflußte Menschen auf der ganzen Welt -- nicht nur in Mitteleuropa.

Eine schärfere Opposition sah Steiner in dem »großen Gegensatz ... zwischen dem, was mit materiellen Experimenten und dergleichen arbeitet, auch um das Spirituelle zu beweisen, und demjenigen, was aus Impulsen der menschlichen Seele heraus zum Spirituellen sich erheben will« (2). Mit letzterem ist die Anthroposophie gemeint. Ihre volle Entfaltung im mitteleuropäischen Bereich hielt Steiner für eine geschichtliche Notwendigkeit des Zwanzigsten Jahrhunderts. Aber die Opposition des »bloß Kommerziellen«, diesmal aus der angelsächsischen Welt kommend, bemüht sich, eine neue Emanzipation Mitteleuropas zu verhindern. Steiner hat öfter beschrieben, wie bestimmte Gruppen aus dem Westen versuchen werden, Mitteleuropa noch bis weit in die Zukunft hinein im Griff zu halten. Doch den Einfluß einer materialistischen Weltanschauung westlicher Prägung kann man freilich auch bemerken, ohne Hellseher zu sein: Die Kultur Mitteleuropas (und besonders die des vereinten Deutschland) ist heute fast materialistischer geworden als die Kultur der Briten, bei denen man immerhin noch gewisse aus ihrem Volkscharakter hervorgewachsene Ideale finden kann. Der Materialismus des Westens stellt für die potentielle geistige Kultur Mitteleuropas also eine dritte oppositionelle Kraft im neuen Zeitalter dar.

Noch präziser hat Steiner die Gefahren für die echte mitteleuropäische Kultur beschrieben, als er über gewisse graue und schwarze Okkultisten aus Ost und West und ihre Kämpfe um die Mitte sprach. (3) Doch wenn man die Weltentwicklung als einen Schauplatz betrachtet, auf dem Notwendigkeit und Freiheit walten und wo entgegengesetzte Impulse ineinander verwoben sind, kann man auch diese Gegenkräfte differenzierter beschreiben. Als Notwendigkeit hat Rudolf Steiner zum Beispiel die drei oben genannten Widerstände beschrieben, (2) weil gerade dort, wo sich eine Freiheitskultur entwickeln soll, auch die Möglichkeit zu irren gegeben sein muß. Es gehört eben zum Schicksal des deutschen Volkes, daß gewisse verführerische Kräfie von allen Seiten auf es einwirken. Denn nicht nur wegen seiner geographischen Lage ist Deutschland den verschiedensten Einflüssen ausgesetzt. Die Ursache dafür ist vielmehr die Existenz einer gewissen »Vakuum-Kultur« in Mitteleuropa, die ursprünglich für die Entwicklung der freien Individualität geschaffen worden ist.

Zwischen Volksgeist und Volksdämon unterscheiden lernen

Die spezifische Veranlagung eines jeden Volkes spielt in der Menschheitsentwicklung eine gewichtige Rolle. So können die verschiedenen Völker zum gemeinsamen Wachsen der Zivilisation auf ihre Weise Bedeutsames beitragen. In bestimmten Zeiten hatten bestimmte Völker in diesem geschichtlichen Drama eine Schlüsselrolle zu spielen. Jedes Volk, je nach Veranlagung und Aufgabe, soll im richtigen historischen Augenblick seine Rolle so übernehmen, daß es dadurch der Menschheit als Ganzer zu ihrer Weiterentwicklung verhilft. Nun sieht die Wirklichkeit dieser Weltentwicklung aber ganz anders aus als das oben gezeichnete Bild. Die verschiedenen Völker greifen zu unpassenden Zeiten und nicht selten ungeschickt in das Gesamtgeschehen ein, manchmal versuchen sie sogar, die Rolle eines anderen Volkes zu übernehmen, und verursachen dabei schwere Störungen und Mißstimmungen auf der Weltbühne. Von Zeit zu Zeit gipfeln dann die Verstimmungen in kriegerischen Auseinandersetzungen. Will man indessen die Rolle der Volksgeister in unserer zum Kriegsschauplatz gewordenen Welt wiedererkennen, so stellen sich einem sehr schwierige Fragen. Denn wie soll man die manchmal tragischen Abweichungen der Völker von ihren Rollen angesichts der Harmonie, die doch eigentlich zwischen ihnen walten sollte, erklären? - Gerade in der Zeit des Ersten Weltkrieges beschrieb Steiner jedoch die Volksgeister als um den Lehrmeister versammelte Schüler. (4) Manche der großen Katastrophen der neueren Zeit sind wohl den Einflüssen ganz anderer Wesenheiten zuzurechnen. In das Leben des Volkes greifen - besonders seit dem letzten Drittel des neunzehnten Jahrhunderts - ahrimanische und luziferische Wesenheiten verschiedener Art ein und inspirieren den Auftritt von Nationalismus, Chauvinismus und Rassismus. (5) Sie mißbrauchen dabei, oft in genialer Weise, gerade die spezifische Veranlagung eines Volkes für ihren Zweck. Ein interessantes Beispiel hierfür ist die Geschichte Großbritanniens vom letzten Drittel des neunzehnten Jahrhunderts bis zur Mitte unseres Jahrhunderts. Die Welt war für die Engländer des achtzehnten und neunzehnten Jahrhunderts eine Fundgrube, in der man unerschöpfliche Rohstoffquellen erschließen und neue, »unentdeckte« Länder erobern konnte, die man dann als Privatbesitz betrachtete. Im letzten Drittel des vorigen Jahrhunderts setzte sich im Inselreich jedoch eine ganz andere Überzeugung durch. Nun waren nicht mehr bloßer Besitz und Reichtum das Wesentliche. Überall sprach man nun von »Glanz und Gloria« des zur Einheit gewordenen Weltimperiums und von der heiligen Mission, allen »unzivilisierten« Teilen der Erde den Segen der britischen Kultur und Sprache zu bringen. Die idealistischen Bemühungen eines William E. Gladstone (des liberalen Premierministers von 1868-74, 1880-85,

1886 und 1892-94) und mancher anderer Briten, trotz allem eine humanitäre Staatsführting durchzusetzen, mißlangen größtenteils. Menschen wie Disraeli, Rosebery und Rhodes schürten damals eine nationale Ekstase, durch die eine neue Art von Imperialismus, der Neo-Imperialismus, Fuß fassen konnte. Diese Persönlichkeiten standen aber unter dem starken Einfluß bestimmter Bruderschaften, die sich vorgenommen hatten, die spezifische Veranlagung der Briten zu mißbrauchen! Rudolf Steiner hat es einmal mit klaren Worten beschrieben:»Diese okkulten Bruderschaften arbeiten nicht etwa aus besonderem Patriotismus heraus, sondern sie wollen letzten Endes die ganze Erde unter die Herrschaft des bloßen Materialismus stellen. Und weil gemäß den Gesetzen des fünften nachatlantischen Zeitraumes gewisse Elemente des britischen Volkes als die Träger der Bewußtseinsseele dazu am geeignetsten sind, so wollen sie es durch graue Magie dahin bringen, diese geeigneten Elemente als Förderer des Materialismus zu benützen.« (2) Daß die Briten ziemlich lange brauchten, bis sie mit der Ekstase des Neo-Imperialismus fertig waren, gehört zur Tragik unseres Zeitalters. Sie stehen heute, genauso wie viele andere Völker, vor der Aufgabe, zwischen dem wahren Volksgeist und anderen Geistern ahrimanischer und luziferischer Art (den sogenannten Volksdämonen), unterscheiden zu lernen.

Wenn der Volksgeist den Tempel verläßt

Als Rudolf Steiner im Frühjahr 1914 sorgenvoll über
die »Karzinombildung« und den »Kulturkrebs« der
materialistischen Kultur Europas sprach, (6) hatte er, wie
er dann später erzählte, die drohenden Schatten des
Ersten Weltkrieges schon gesehen. Die Geister des
Materialismus und des Nationalismus waren seit der
Mitte des neunzehnten Jahrhunderts überall in Europa
tätig. Nun wütete der Krieg vier Jahre lang und hinterließ
in Europa Trümmer, Schmerzen und Verwirrung. Der
Kulturkrebs, eine kalte Krankheit ahrimanischer Art,
hatte sich so weit ausgebreitet, daß Über- und
Gegenreaktionen nicht mehr zu verhindern waren. Haß,
Zorn und Angst haben die Völker Europas gegeneinander
aufgebracht. Wenn man die wahren Hintergründe dieser
Tragödie kennt, nämlich die zunehmende Aktivität der
europäischen Volksdämonen seit den vierziger Jahren
des neunzehnten Jahrhunderts, dann stellt sich die Frage
nach der »Kriegsschuld« nicht mehr. Sie lag weder im
Westen noch im Osten, noch in der Mitte. Als dann der
Krieg endlich beendet wurde, inaugurierte Rudolf Steiner
eine soziale Erneuerungsbewegung. Die Dreigliederung
des sozialen Organismus sollte die Ursachen für weitere
Katastrophen durch die Heilung der wirtschaftlichen und
politischen Bereiche beseitigen, so daß die Entwicklung
des Ichs, und der freien Individualität besser hätte
verwirklicht werden können. Vor allem in Mitteleuropa
war eine solche Heilung des sozialen Lebens nötig. Aber
der Ernst des geschichtlichen Augenblicks wurde hier
nicht erkannt. Nachdem die Dreigliederungsbewegung
1921 in Deutschland so gut wie abgelehnt worden war,

konnte Rudolf Steiner noch eine Zeitlang öffentliche Vorträge halten. Doch Anfang 1922 änderte sich die Atmosphäre in Deutschland radikal. Die Ablehnung der Dreigliederungsidee und ihrer heilsamen Wirkung hinterließ ein Vakuum, in das Ratlosigkeit und Verwirrung strömten. Es waren gute Zeiten für die Geister des Kollektivismus. Das alles war aber nur die Vorbereitung für eine viel schärfere Attacke gegen Mitteleuropa. Bedeutende Hinweise auf die drohende Gefahr hätten die Anthroposophen im Jahre 1922, gleich nachdem die Dreigliederung als realistische Alternative abgelehnt worden war, bemerken können, wenn sie nur aufmerksam genug gewesen wären. Im Mai befand sich Steiner auf einer Vortragsreise durch Deutschland. Er hielt öffentliche Vorträge in großen Städten, unter anderen auch in München. In der Hauptstadt Bayerns wollten die Anthroposophen ursprünglich das Goetheanum bauen. Hier sollte das Herz der anthroposophischen Bewegung schlagen, hier wurden die Mysteriendramen geschrieben und aufgeführt. Doch schon 1921 waren in München nationalistisch-rassistische Gruppierungen wie die »Thule-Gesellschaft« und die Nationalsozialistische Partei (Februar 1920 als NSDAP neubegründet) gefährlich populär geworden, und Hans Büchenbacher warnte Steiner, daß er »als Nummer 8 oder 9 auf der Liste der zu erschießenden prominenten deutschen Persönlichkeiten« stünde. Darauf antwortete Steiner damals ruhig: »Ja, das wird schon sein.« (7) Trotzdem kam er am 15. 5. 1922 nach München, wo er gerade in dem von der »Mutter des Nationalsozialismus«, der »Thule-Gesellschaft«, als Versammlungsort benutzten Hotel »Vierjahreszeiten« einen Vortrag halten sollte. Am Ende des Vortrages konnten die dafür bezahlten Boxer und Ringer zusammen mit anthroposophischen Freunden Steiner nur knapp vor dem geplanten Mordanschlag retten. Im Saal begann eine kurze Schlacht mit den Angreifern, wobei die anwesenden Polizisten untätig blieben. Am Morgen danach mußte Steiner - zwei Stunden früher als geplant - München heimlich verlassen. (7) Er kehrte nie mehr dorthin zurück.

Nachdem im weiteren Verlauf seiner Vortragsreise auch in anderen Städten Deutschlands, besonders in Elberfeld, Tumulte inszeniert worden waren, sprach Rudolf Steiner eine Woche später mahnend vor Mitgliedern der Anthroposophischen Gesellschaft in Stuttgart: »Die Menschheit braucht die Aufnahme desjenigen, was an spirituellem Leben aus den geistigen Höhen in das physische Erdenleben hereinströmt. Das kann zurückgewiesen werden. Wenn es zurückgewiesen wird, hört eben für diejenigen Menschen, die es zurückweisen, die Möglichkeit des menschlichen Fortschritts, der menschlichen Kultur, der menschlichen Zivilisation auf, und die Weiterentwicklung der Menschheit muß sich andere Völker, andere Gegenden suchen... Wir sehen heute unter uns, wie nun ein wüstes Bekämpfen beginnt desjenigen, was als anthroposophische Weltanschauung sich ausbreiten will, ein Bekämpfen von Seiten aus, die ja mit Mitteln kämpfen, denen nur dann beizukommen ist, wenn man zur rechten Zeit ihnen noch die Larve vom Gesicht herunterreißt. (...) Noch viele andere Seiten könnte ich erwähnen, von denen aus man [gegen die

Anthroposophie, A. R.] kämpfte ... Aber jetzt beginnt ein Kampf, gegen den ja der andere Kampf, den ich gerade charakterisiert habe, ein wirklich vornehmer war. Ein solcher Kampf beginnt jetzt. Und über diesen Kampf soll man sich nur ja keinen Illusionen hingeben ... « (8)

Nun war schon sichtbar geworden, welche Kräfte in Mitteleuropa die Macht anstrebten. Sie griffen nicht mehr nur durch das Mittel der Verführung an. Sie wollten die echten mitteleuropäischen Impulse vernichten und wußten ganz genau, daß sie Steiner, als einen hohen Repräsentanten dieser Impulse, zum Schweigen bringen mußten. Teilweise haben sie ihr Ziel erreicht: Rudolf Steiner konnte nach dem Mai 1922 in Deutschland keine öffentlichen Vorträge mehr halten. Es war zu gefährlich für ihn geworden. Während er in der Zeit bis zu seinem Tode in Deutschland fast nur noch in Stuttgart und dann unter Ausschluß der Öffentlichkeit arbeitete, waren andere Mächte in Deutschland aktiv. In diese entscheidende Zeit fällt auch der Goetheanum-Brand (am 31. Dezember 1922). Zehn Monate später, am 9. November 1923, scheiterte zwar der Versuch Hitlers, die Regierung Bayerns zum Staatsstreich gegen Berlin zu treiben; die NSDAP wurde verboten und er selbst zu fünf Jahren Haft verurteilt. Doch man entließ ihn vorzeitig, und am letzten Geburtstag Rudolf Steiners, dem 27. Februar 1925, feierte die NSDAP ihre Neubegründung.

Die neue Phase der nunmehr tiefer in die Menschheitsentwicklung hineinwirkenden Christustätigkeit bereitet sich schon im ersten Jahrzehnt des zwanzigsten Jahrhunderts vor. Im Jahre 1909 sind erste Anzeichen der sich nähernden Erscheinung des Sonnengeistes im Ätherischen auf der Erde wahrnehmbar. (9) Steiner hielt es für eine entscheidende Frage der historischen Entwicklung, daß die Menschen, und besonders die Mitteleuropäer, auf dieses Ereignis genügend vorbereitet wären. Deswegen sprach er ab Januar 1910 in mehreren Vorträgen von dem Wiedererscheinen Christi im Ätherischen, das mit Beginn der dreißiger Jahre zunächst von wenigen, später aber von immer mehr Menschen wahrgenommen werden sollte. Er versuchte seine Zuhörer von der absoluten Notwendigkeit einer Stärkung des Ich-Bewußtseins zu überzeugen, weil dadurch das bewußte Wahrnehmen des Sonnengeistes im Ätherischen vorbereitet werden sollte. Auch über den Widersacher des Sonnengeistes sprach Steiner im selben historischen Augenblick. Vermutlich, weil er die Neigung der Menschen zu übertriebenen emotionalen Reaktionen kannte, sprach er nur selten über den Sonnendämon, der in diesem Zeitraum auch in eine völlig neue Tätigkeitsphase trat. Man kann die Bedeutung der Impulse dieser Wesenheit für die Menschheit im Zwanzigsten Jahrhundert - genauso wie diejenigen des Sonnengeistes - kaum überschätzen. Schon als Steiner den zum Wesen des Sonnendämons gehörenden Rhythmus von 666 Jahren schilderte, dürften seine Zuhörer ahnen, daß er vor allem das Zwanzigste Jahrhundert vor Augen hatte. Den großen Unterschied zwischen der Wirkung des Sonnendämons in der Vergangenheit und im zwanzigsten Jahrhundert beschrieb Steiner ausführlich im September 1924, als er seine letzten Vorträge hielt. (10) Das Prinzip des Sonnendämons (genannt Sorat) bedient sich in der Regel zunächst der Kräfte ahrimanischer und luziferischer Natur. Das geschieht aus zwei Gründen: Erstens, weil die Zeit der vollen Offenbarung seiner zerstörerischen Macht noch in ferner Zukunft liegt. (11) Zweitens, weil man sich den eigentlichen Gegner des Christus auch Luzifer und Ahriman gegenüber in einer absoluten Gegenposition vorstellen muß: Während der Christus die ahrimanischen und luziferischen Kräfte im Gleichgewicht halten will, um der Menschheit zwischen diesen verführerischen Kräften den Mittelweg zu weisen, sendet Sorat Ahriman und Luzifer zur Menschheit, damit ihre verführerischen Impulse seine eigenen zerstörerischen Schläge vorbereiten. Daher haben sich die ahrimanischen und luziferischen Kräfte in der Vergangenheit viel stärker bemerkbar gemacht als das Prinzip des Sonnendämons. Erst im Zwanzigsten Jahrhundert erlebt die Menschheit das soratische Prnizip zum Teil auch ohne seine ahrimanischen und luziferischen Masken. Zum ersten Mal erfahren viele Menschen, worin der Unterschied zwischen verführerischen und zerstörerischen Kräften besteht: Während Ahriman die Erde zur materialistischen Erstarrung verleiten will, in der kein menschliches Ich leben kann (ahrimanische Geister sollen dann die zurückgelassenen Leiber bewohnen), und Luzifer das Ich jedes einzelnen zu einem luziferischen Planet locken will (12), besteht Sorats Ziel darin, das menschliche Ich und die Erde auszurotten. Als der eigentliche Widersacher des Christus will er den Träger des Christus-Prinzips im Menschen, das Ich, und die Erde als dessen Entwicklungsstätte zerstören.

Die neue Phase der Sorat-Tätigkeit trat am Anfang unseres Jahrhunderts schon andeutungsweise in Erscheinung. Zur Zeit des Ersten Weltkrieges machten vom Sonnendämon besessene Menschen in Europa vereinzelt auf sich aufmerksam; zum Teil waren sie schon tonangebend: Die Zerstörungslust, mit der an der Westfront zeitweise gehandelt wurde (zum Beispiel die »Ausblutungsstrategie« bei der Schlacht um Verdun oder die massive Verwendung von Giftgas als Mittel der Kriegsführung) war ein Symptom hierfür. Der Bolschewismus, den Steiner 1924 als ein auf engem Raum in seinem Kern konzentriertes soratisches Phänomen beschrieb, war schon mehr als nur ein Symptom. (13) Doch das Jahr, in dem nach Rudolf Steiner der Sonnendämon tatsächlich in Erscheinung treten sollte, war 1933. In diesem für die Erscheinung des Christus im Ätherischen entscheidenden Jahr sollte sich nach der Vorhersage Steiners auch Sorat »aus dem Abgrund« erheben. (14)

Das Volk ohne Immunsystem

Als sich das Jahr 1933 näherte, waren die verführerischen Impulse der Volksdämonen in Europa überall auf dem Vormarsch. Hinter ihren Aktivitäten konnte man beobachten, wie sich die Kräfte des Sonnendämons hier oder dort Geltung verschafften. Das faschistische Regime Mussolinis in Italien und die anderen nationalistischen und faschistischen Bewegungen in Ländern wie Spanien, Frankreich und England rechneten nicht mehr nur mit der Naivität ihrer Anhänger. Zunehmend konnten die

Europäer auch beobachten, wie nun diejenigen, die von Steiner als Soratmenschen beschrieben wurden, mit »wütigen Zügen [und] Zerstörungswut in ihren Emotionen« (12) auftraten. In dieser Situation war das Deutsche Volk eine Ausnahme. Im Unterschied zu den anderen Völker Europas hatte es keinen »kollektiven Schutzengel« auf der Erde, der ihm gegen die zerstörerischen Impulse Sorats einen gewissen Schutz hätte bieten können. Im Gegensatz zur Zeit Fichtes weilt der deutsche Volksgeist in diesem Jahrhundert in der geistigen Welt. Dort muß man ihn suchen und kann ihn in der Regel »nur mit der Geisteswissenschaft finden«. (1) Dazu kam noch die den Deutschen anvertraute Aufgabe: Sie sollen ihre individuelle Ich-Kraft besonders intensiv entwickeln. Dagegen wiederum kämpft Sorat: Er will den Christus-Impuls im Menschen zerstören, und dieser ist mit der Entwicklung des Ichs auf das engste verbunden. Vor diesem Hintergrund kann man die besondere Intensität vorstellen, mit der der soratische Einfluß gerade in Deutschland auftrat. (15) Überall in Europa versuchten diese Kräfte damals Fuß zu fassen; nirgendwo aber konnten sie so wie in Hitler-Deutschland von der Volksstimmung, ja zum Teil von der Volksseele selbst Besitz ergreifen. Zwar nahm in Italien zum Beispiel seit Mussolinis »Marsch auf Rom« 1922 die Gewalttätigkeit des Faschismus immer mehr zu. Doch selbst hier konnte die Soratkraft die mit der Anwesenheit des Volksgeistes verbundenen Immunkräfte des Volkes nicht überwinden. Trotz seines temperamentvollen Auftretens war der italienische Faschismus durch eine gewisse Mäßigung und durch stärkeres Festhalten an den Traditionen gekennzeichnet. In Deutschland dagegen

31

gelang es den Nationalsozialisten die Träger der Kultur und der Tradition (Professoren, Kirchen und das Bürgertum) dazu zu bringen, daß sie die Verfolgungs- und Vernichtungsaktionen gegen politische Gegner, Kranke, Invalide, »Nicht-Arier« und zuletzt gegen das deutsche Volk selbst stillschweigend duldeten und sehr oft sogar aktiv dabei mithalfen. In Deutschland bewirkt die Abwesenheit des »kollektiven Schutzengels« eine zumeist unbewußte Atmosphäre ständiger Existenzangst. Im Gegensatz zu den Franzosen oder Engländern, bei denen eine gewisse Selbstverständlichkeit der Volksexistenz kollektive Ängste auch in den schwierigsten Momenten überwindet, können die Deutschen als Kollektiv in ähnlichen Situationen sofort ihr Gleichgewicht verlieren. Damit war 1933 in Deutschland die Möglichkeit einer Epidemie gegeben, die schlimmer war als der ahrimanische Kulturkrebs: Dieses Volk war nun als Organismus einer Epidemie des Sonnendämons ausgesetzt, die man durchaus mit der AIDS-Epidemie vergleichen kann. Denn hier war ein Volk ohne »normales Immunsystem«. Und seine geistige Widerstandskraft konnte durch einige gezielte Schläge überwältigt werden: Man denke zum Beispiel daran, wie die Angst- und Hysteriewelle nach dem Reichstagsbrand im Jahre 1933 (wieder am 27. Februar!) das Durchsetzen der »Reichsnotverordnung zum Schutz von Volk und Staat« am folgenden Tag ermöglichte. Dadurch wurden vor allem die Grundrechte der Weimarer Verfassung aufgehoben, und für eine Reihe von »Straftaten« führte man die Todesstrafe ein. Nach einer längeren Phase der Vorbereitung wurde das deutsche Volk nun im Handumdrehen von einer soratischen Epidemie ergriffen.

Versucht man sich heute vom damaligen Verhalten der deutschen Bevölkerung mit der Behauptung zu distanzieren, die Menschen hätten damals eben irrational reagiert, und auch die Anthroposophen hätten eben noch nicht das ganze Ausmaß der Gefahr erkannt, so täuscht man sich nicht nur hinsichtlich der Vergangenheit, sondern auch mit Blick auf die Gegenwart. Denn die glänzende Propaganda der Nationalsozialisten war an sich durch und durch rational-logisch aufgebaut! Nach dem Reichstagsbrand hat zum Beispiel der berühmte Staatsrechtler Carl Schmitt ein durchaus folgerichtiges, wissenschaftlich fundiertes Gutachten für die Notwendigkeit der »Reichsnotverordnung« veröffentlicht. Man bedenke weiterhin, wie überzeugend die nationalsozialistische »Weltanschauung« für einen Philosophen vom Range Heideggers war. Das rationale Denken konnte damals wie heute eben nur demjenigen helfen, der als Individualität weit genug war, um die geistigen Realitäten zu erkennen, nämlich den zerstörerischen Willen hinter jener Logik. Ein Sinn für geistige Realitäten war nötig, um das geniale Täuschungsmanöver zu durchschauen. Allerdings erlangt man diesen Sinn leider nicht automatisch, indem man die Schriften Rudolf Steiners liest! Die wenigen, die jenes Wahrnehmungsvermögen ausgebildet hatten, wurden als erste verfolgt. Solange nur eine Handvoll Deutsche individuellen Kontakt zum Volksgeist haben, besitzt das deutsche Volk als Kollektiv wohl kein Organ für das Geistige. Deswegen konnte das Volk die geistigen Realitäten hinter der »patriotischen Logik« seines Widersachers nicht wahrnehmen.

Während der Schlußphase des Krieges hatte der Sonnendämon, der größte Gegner Mitteleuropas, endgültig seine ahrimanisch-luziferischen Masken abgeworfen. Diese Offenbarung trat ein, nachdem Hitler im März 1945 »in voller Ruhe und Klarheit« (16) den »Volkszerstörungsbefehl« gegen das deutsche Volk erlassen hatte. Jetzt wußte es jeder vernünftige Mensch: Die entscheidenden Gegenkräfte bedrohen Mitteleuropa weder aus dem Osten noch aus dem Westen sondern von innen her! Schlimmer noch als die physische Zerstörung war die geistig-seelische Wüste, die der Nationalsozialismus im einstigen Kulturzentrum Mitteleuropa hinterlassen hat. Während der Jahre nach 1945 wurden die Deutschen dann von außen gegen die mit dem völkischen Kollektivismus verbundenen Gefahren geschützt. Die besondere politische Konstellation der Nachkriegszeit gab den einzelnen wieder gewisse individuelle Entwicklungschancen. Die Teilung Deutschlands und der Ost-West-Konflikt trockneten den Nährboden für eine kollektive Epidemie praktisch aus. Doch parallel zum Fall der Berliner Mauer (am 9. November 1989, genau 66 Jahre nach dem Putsch in München) tritt überall in Europa wieder das Zerstörungsprinzip Sorats in Erscheinung. Freilich war es auch während des Kalten Krieges auf verschiedenste Art und Weise aktiv: Im europäischen Raum waren diese Kräfte hauptsächlich durch die Vernichtungsgefahr der atomaren Waffen präsent, während sie in Rußland (Stalin!) und Asien dafür sorgten, daß Schreckensregimes (wie in Kambodscha) Millionen von Menschen in den Tod schickten. Heute zeigt sich in der systematischen und sinnlosen Verwüstung der physischen, seelischen

und geistigen Landschaft Bosnien-Herzegowinas, daß
hinter mancher patriotischen Maske wieder ein reiner
Zerstörungswille steckt. Manchmal geben es die
betroffenen Menschen sogar selbst zu!

Das Jahr 1998 steht unmittelbar bevor, und schon taucht
der Ungeist des Kollektivismus auch in Deutschland
wieder auf, verbunden mit der Gefahr, das innere
Gleichgewicht zu verlieren. In den Tagen und Wochen
nach den Morden von Solingen am 30. Mai 1993 (dem
Geburtsort Adolf Eichmanns, der dort von der rechten
Szene immer noch als Idol verehrt wird) konnte es einen
nachdenklich stimmen, mit welcher Leichtigkeit gewisse
Mächte die allgemeine Angst und Ratlosigkeit ausnutzen
können. Das heißt nicht, daß eine kollektive soratische
Epidemie heute wieder die gleiche Form annehmen muß
wie in den dreißigen Jahren. Die äußeren Verhältnisse
sind heute ganz anders als damals! Sind aber die
Mitteleuropäer heute weniger naiv? Sind sie schwerer zu
manipulieren? Sind sie besser in der Lage, die geistigen
Realitäten hinter der Maske des Patriotismus zu
erkennen? Diese Fragen werden wohl morgen und
übermorgen durch die Ereignisse selbst beantwortet
werden.

Entnommen aus: Amnon Reuveni: Im Namen
der »Neuen Weltordnung«, Verlag am Goetheanum,
1994

Der in Israel geborene Autor lebt heute in Dornach.

Anmerkungen:

1. Siehe dazu den Vortrag Rudolf Steiners vom 16. März 1915 in Berlin (GA 157) 2. Vortrag vom 15. Januar 1917 in Dornach (GA 174) 3. Zum Beispiel in dem Vortragszyklus »Die okkulte Bewegung im neunzehnten Jahrhundert...« oder im Vortrg vom 25. November 1917 (GA 178) 4. Vortrag vom 13. September 1914 in München (GA 174a) 5. Siehe dazu: Rudolf Steiner über den Nationalismus, zusammengestellt und kommentiert von Karl Heyer, Basel 1993 6.Vortrag in Wien, 14. April 1914 (GA 153) 7. Hans Büchenbacher, Begegnungen mit Rudolf Steiner 1920-1924, Mitteilungen aus der Anthroposophischen Arbeit in Deutschland, Michaeli 1978 8. Der Verfall des menschlichen Intellekts und das Sichwehren des Menschen gegen die Spiritualität, Vortrag in Stuttgart am 23. Mai 1922, Hrsg. von Marie Steiner während des Zweiten Weltkriegs, Dornach 1942 9. Siehe Rudolf Steiners Vortrag vom 6. Februar 1917 (GA 175) 10.Die Offenbarung Johannis, Vortragszyklus, 5. bis 22. September 1924 11. Vgl. Rudolf Steiner, Die Apokalypse, Vortrag vom 29. Juni 1908 in Nürnberg (GA 104) 12. Vgl. Rudolf Steiner, Vortrag vom 17. September 1916 in Dornach (GA 171) 13. Siehe Anmerk. 10, Vortrag vom 12. September 1924 14. Siehe Anmerkung 10, Vortrag vom 20. September. Es ist eine interessante Tatsache, daß Steiner schon in seinem ersten

36

Vortrag über das Erscheinen Christi im Ätherischen (am 12.1.1910) deutlich über die mit dem Jahr 1933 verbundenen Gefahren und eine »unendliche Verwirrung der Seele« sprach. Unter anderem sagte er: »Um 1933 wird es manche Abgesandte schwarzmagischer Schulen geben, welche in falscher Weise einen physischen Christus verkünden wollen.« Nach Harald Giersch (Hg.), Rudolf Steiner über die Wiederkunft Christi, Dornach 1991, S. 107f. 15. Siehe dazu: Der Kampf gegen das Ich, Kapitel 2, in: Karl Heyer: Wesen und Wollen des Nationalsozialismus, Basel 1991. 16. Laut Generalstabschef Franz Halder, in: W. Hofer (Hg.), Der Nationalsozialismus, S. 264."

▪

Weblinks:

▪   Das Verhängnis Karl Haushofers

http://de.wikipedia.org/wiki/Karl_Haushofer

Autobiographische Notiz:

Michael Heinen-Anders, geb. 25.02.1960, zwei Töchter,
Studien als Wirtschafts- und Sozialwissenschaftler,
Diplom-Ökonom (Berg. Uni Wuppertal) 1989, lebt in
Köln, dort ehemals Mitherausgeber einer
Literaturzeitung,
1998 – 2000 wissenschaftlicher Mitarbeiter beim Amt
für Stadtentwicklung und Statistik der Stadt Köln.
Weitere Tätigkeiten in den Bereichen
Wirtschaftsförderung, Sozialwesen und Verwaltung.
Erstveröffentlichung: „Ich und Du – Fundstücke" im
De Holtes Verlag, Bruttig-Fankel, 2008.
Zahlreiche weitere Veröffentlichungen.